this belongs to:

period(s) covered:

Topic	Date

Topic		Date

Topic		Date

Topic	Date

**N
O
T
E
S**

NOTES

NOTES

NOTES

**N
O
T
E
S**

NOTES

N
O
T
E
S

NOTES

NOTES

N O T E S

**N
O
T
E
S**

N O T E S

NOTES

NOTES

NOTES

N
O
T
E
S

N
O
T
E
S

N O T E S

N O T E S

NOTES

N
O
T
E
S

NOTES

NOTES

**N
O
T
E
S**

NOTES

NOTES

N O T E S

NOTES

NOTES

NOTES

**N
O
T
E
S**

N O T E S

N
O
T
E
S

N
O
T
E
S

NOTES

N O T E S

NOTES

NOTES

NOTES

NOTES

**N
O
T
E
S**

NOTES

N O T E S

NOTES

N
O
T
E
S

N O T E S

NOTES

N
O
T
E
S

N
O
T
E
S

NOTES

**N
O
T
E
S**

NOTES

NOTES

**N
O
T
E
S**

**N
O
T
E
S**

NOTES

N
O
T
E
S

**N
O
T
E
S**

NOTES

NOTES

N
O
T
E
S

NOTES

NOTES

NOTES

NOTES

NOTES

NOTES

NOTES

N
O
T
E
S

**N
O
T
E
S**

N
O
T
E
S

NOTES

NOTES

N
O
T
E
S

NOTES

NOTES

NOTES

NOTES

NOTES

N
O
T
E
S

N
O
T
E
S

NOTES

N
O
T
E
S

N O T E S

NOTES

N
O
T
E
S

N O T E S